Bibliografische Information der Deutschen Nationalbibliothek:
Die Deutsche Nationalbibliothek verzeichnet diese Publikation
in der Deutschen Nationalbibliografie; detaillierte Daten sind im
Internet über http://dnb.dnb.de abrufbar.
Alle Texte, Textteile, Grafiken, Layouts sowie alle sonstigen
schöpferischen Teile dieses Werks sind unter anderem urheberrechtlich geschützt.

Text, Illustrationen: Susanne Rennert
Foto Titel, Seite 2: © Pixelio I-vista
Cover: Susanne Rennert

Alle Spiele in diesem Buch sind sorgfältig ausgewählt und geprüft.
Dennoch kann keine Garantie übernommen werden. Eine Haftung für
Personen-, Sach- und Vermögensschäden sind ausgeschlossen.

www.die-zauberkiste.de
1.Auflage 2014
Herstellung und Verlag
BoD – Books on Demand, Norderstedt

ISBN 978-373-473-8937

Juchhu, ich kann Geld zaubern

Susanne Rennert

Inhalt

Zaubern mit Geld 4

Münze erscheint zwischen 2 Visitenkarten 7

Ein Geldschein erscheint zwischen 2 Visitenkarten 10

Eine Münze wird in eine andere verwandelt 15

Eine Münze verschwindet und erscheint wieder 18

Papier in Geldschein verwandeln 24

Eine Münze verschwindet 29

Tipps zur Vorführung 31

Zaubern mit Geld

Als ich im zarten Alter von 9 Jahren einen Zauberkasten bekam, begann ich mich für das Zaubern zu interessieren.
Nach meinem Studium der Sozialpädagogik, diversen Zauberworkshops, Zauberkongressen und genügend Bühnen- und Theatererfahrungen machte ich mich selbstständig und gab Zaubervorstellungen und Zauberkurse für Kinder und Erwachsene.
Meine Erfahrungen veröffentlichte ich in Zauberbüchern.

Die Idee zu diesem Buch bekam ich, als ich auf einer Business Messe für Unternehmer (BtoD – Business to Dialog) an einem Stand zauberte.
Die Besucher, alles Geschäftsleute, schauten sich die Stände an, manche blieben stehen, andere gingen vorbei.
Dann begann ich einzelne Besucher anzusprechen. Ich begann ein Gespräch mit ihnen, fragte nach ihrem Betrieb, erzählte von dem Unternehmen, für das ich zauberte. Dann ließ ich Visitenkarten erscheinen.
Die Besucher staunten. Weitere blieben stehen und gesellten sich zu uns, bis es immer mehr wurden.

Ich hielt zwei Visitenkarten in meinen Händen und erzählte dazu. Dann legte ich die Visitenkarten zusammen und sagte „Unser Anliegen ist es Ihr Geld zu vermehren." Zwischen den Visitenkarten rollte eine 1 Euro Münze auf die Hand des Zuschauers.

Du kannst dir sicherlich vorstellen, wie die Besucher anfingen zu grinsen und sich freuten.

So zauberte ich, bis jeder eine Visitenkarte in der Hand hielt, Bescheid wusste über das Unternehmen und bestens informiert war. Die Zuschauer wurden unterhalten, und gleichzeitig über die Firma informiert.

Jetzt stell dir vor! Die Zuschauer sind abends Zuhause und halten Dutzende von Visitenkarten in den Händen. An welche können sie sich am besten erinnern? An die, die ihnen ein Lächeln auf das Gesicht gezaubert hat.

Positive Gefühle sind geweckt. Und wer, glaubst du hat viele Aufträge bekommen? Richtig!

Daher empfehle ich dir, diese einfachen Zaubertricks zu

beherrschen und deine Kunden zu begeistern.
In diesem Buch sind Zaubertricks mit Münzen, Geldscheinen und Visitenkarten beschrieben.
Die kannst du immer und überall dabei haben und dein Publikum begeistern.

Ps. Übe die Tricks vor einem Spiegel, darin siehst du die Sicht des Zuschauers. Das hilft dir dabei, Schwachstellen zu erkennen und zu verbessern.

Und nun wünsche ich dir viel Spaß und Erfolg mit der Zauberei!
Deine
Susanne Rennert

Münze erscheint zwischen 2 Visitenkarten

Der Effekt:
Zeige 2 Visitenkarten. Dazwischen erscheint eine Münze.

Du brauchst dazu: 2 Visitenkarten, 1 Münze

Erklärung:
In beiden Händen wird eine Visitenkarte gehalten und von beiden Seiten gezeigt. Der Daumen liegt auf der Vorderseite der Karte.
Die anderen Finger halten die Karte auf der Rückseite fest.
Du hältst unter deinen drei Fingern deiner rechten Hand auf der Rückseite der Visitenkarte eine Münze, sodass man sie nicht sehen kann. Das nennt man palmieren.

Ablauf:
1. Halte in jeder Hand eine Visitenkarte und zeigst zuerst die Vorderseite.

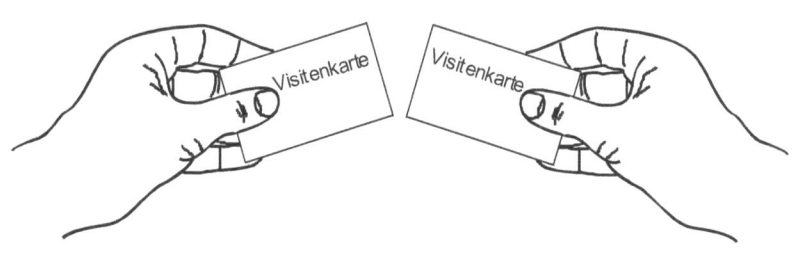

2. Als Nächstes zeige die Rückseite. Drehe deine Hände herum.

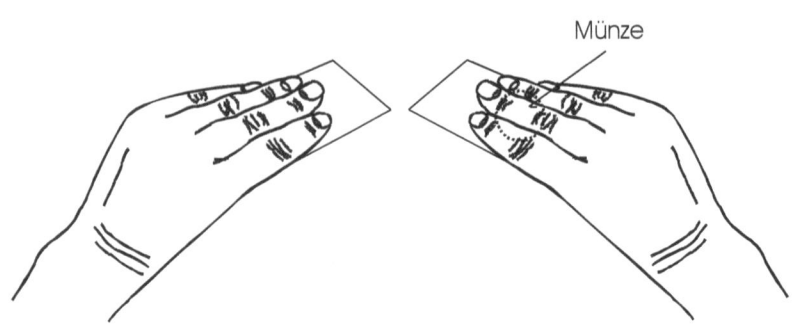

3. Und dann wieder die Vorderseite.

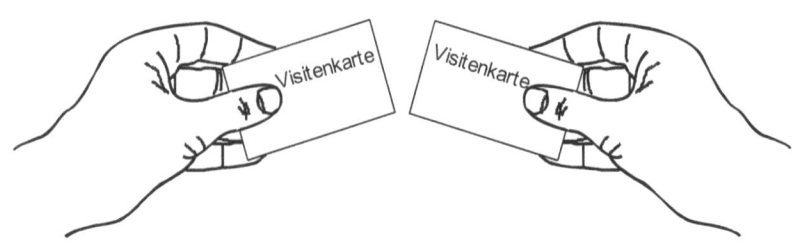

4. Lege beide Karten übereinander, die linke schiebe über die rechte und tausche sie aus. Die Münze be-

findet sich dabei immer unter der Visitenkarte deiner rechten Finger.

5. Lege sie wieder übereinander. Diesmal schiebe die linke unter die rechte. Lege sie richtig übereinander. Die Münze befindet sich jetzt zwischen den Visitenkarten.

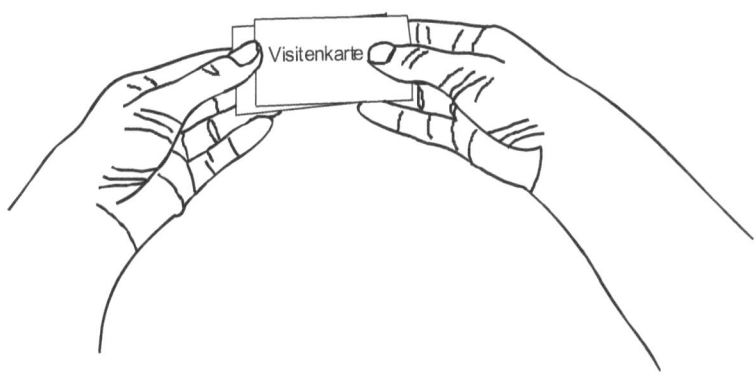

6. Nun erscheint zwischen den beiden Karten eine Münze. Lasse sie in deine Hand oder in die des Zuschauers fallen.

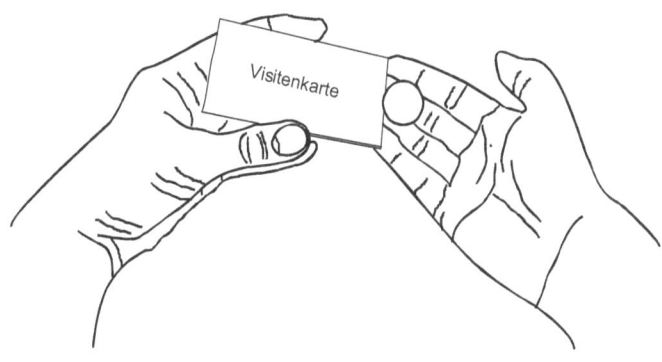

Ein Geldschein erscheint zwischen 2 Visitenkarten

Der Effekt: Zeige deinem Publikum 2 Visitenkarten. Diesmal erscheint ein Geldschein.

Du brauchst dazu: 3 Visitenkarten, 1 Geldschein, Schere, Kleber

Erklärung: Die Visitenkarten sind präpariert. Es sind 2 aufeinander geklebt. In einer Karte ist an der schmalen Seite ein dreieckiges Loch hineingeschnitten. So entsteht eine Tasche, in der der Geldschein steckt.

Vorbereitung: Bevor du zauberst stelle dir diese Trickkarte her.
1. Schneide ein Dreieck in die Mitte der schmalen Seite der Visitenkarte hinein, 1,5 cm breit und 2 cm hoch.

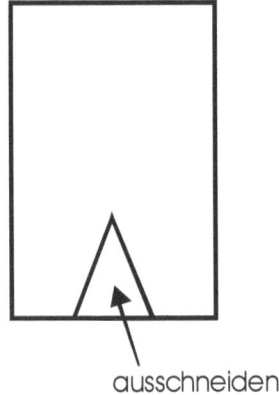

ausschneiden

2. Klebe diese Visitenkarte mit der Vorderseite auf die Rückseite der anderen. Gib den Kleber entlang des Randes auf die Visitenkarte.

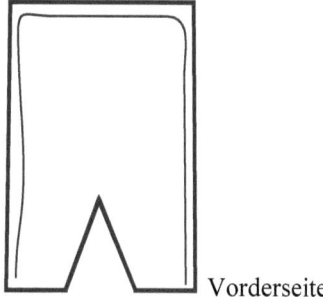
Vorderseite

3. Klebe sie auf die Rückseite der ganzen Visitenkarte.
4. Falte den Geldschein in der Mitte zusammen.

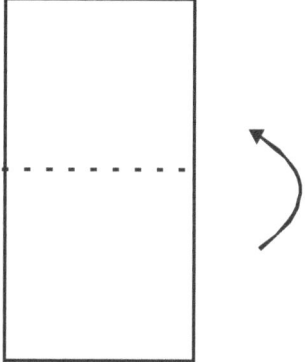

5. Und noch einmal in der Mitte.

Es entsteht ein kleines Päckchen. Es ist ca. 2 cm x 5 cm groß.

6. Schiebe ihn in die Tasche der Trickkarte hinein. Er sollte ca. 0,3 cm vor dem Rand liegen.

Ablauf: Der Ablauf ist ähnlich wie bei dem vorigen Trick. In jeder Hand hältst du eine Visitenkarte und zeigst die Vorderseite. Du hältst unter den drei Fingern deiner rechten Hand die Tasche der Trickkarte mit dem Geldschein. Der Daumen liegt auf der Vorderseite der Karte.

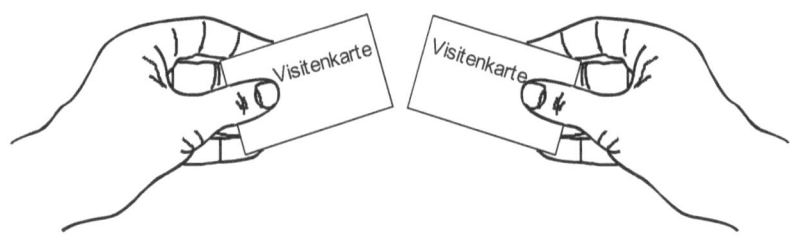

1. Zeige die Rückseite. Drehe die Hände herum.

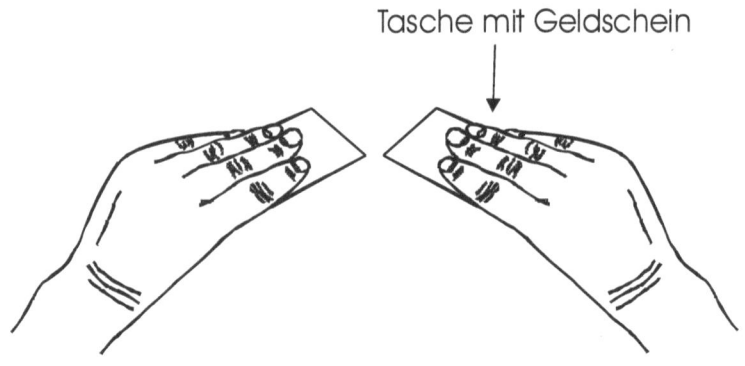

2. Dann wieder die Vorderseite.

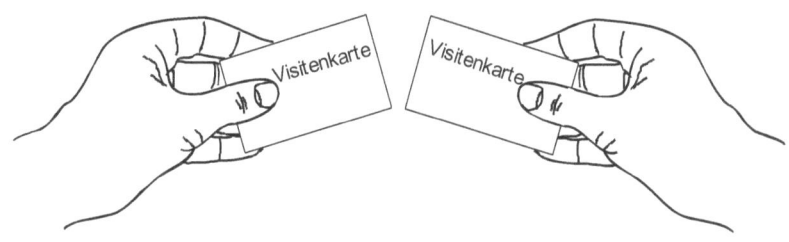

3. Schiebe die Karte der linken Hand unter die rechte.

4. Ziehe sie wieder hervor. Ziehe dabei den Geldschein mit dem Mittelfinger deiner rechten Hand aus der Tasche heraus. Schiebe die Karte der linken

Hand unter den Geldschein. Beide Karten liegen nun übereinander. Dazwischen liegt unsichtbar der Geldschein.

5. Halte beide Visitenkarten in der rechten Hand.

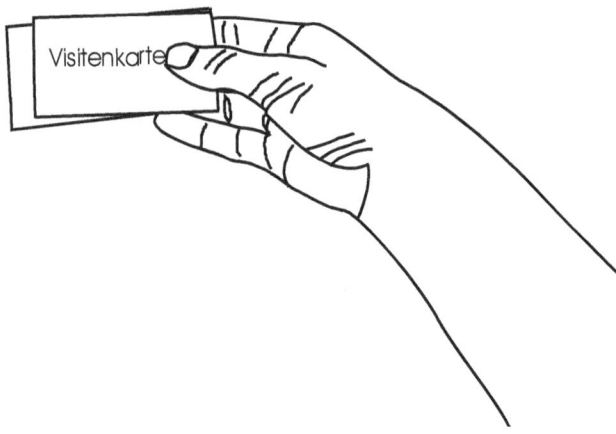

6. Schiebe sie auseinander. Es erscheint der Geldschein.

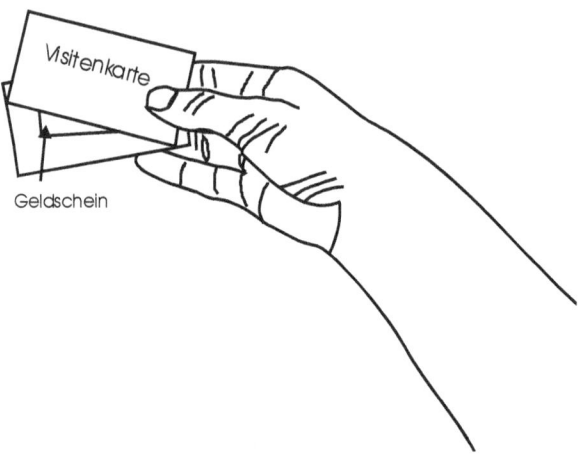

Eine Münze wird in eine andere verwandelt

Der Effekt: Eine Münze wird in die linke Hand geschoben und verwandelt sich in eine größere Münze.

Du brauchst dazu: kleine Münze, große Münze, Zauberstab.

Erklärung: Die Münze wird nur scheinbar in die linke Hand geschoben. Sie wird in die rechte Hand gebracht und da palmiert. Das siehst du auf der Zeichnung. Die große Münze ist von Anfang an in der linken Hand.

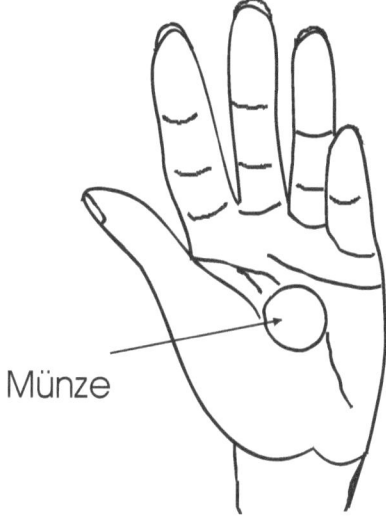

Vorbereitung: Lege 2 Münzen in deine linke Tasche in der du sie leicht mit deiner Hand aufnehmen kannst.

Der kleine Zauberstab ist in der rechten Tasche.

Ablauf: Greife in deine linke Tasche und palmiere die große Münze in deiner linken Hand.

In der Mitte deiner Hand ist die Handpalme. Dort halte die Münze fest. Die kleine Münze halte mit den Fingerspitzen von Daumen und Zeigefinger fest. Die restliche Hand bildet nun eine Faust.
Nimm die Münze mit Daumen und Zeigefinger deiner rechten Hand und lege sie in die geschlossene Faust deiner linken Hand.

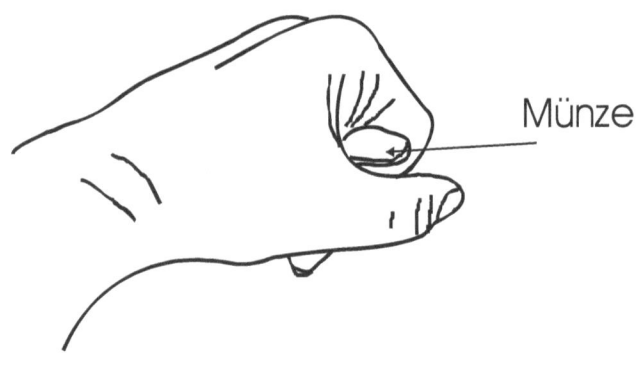

Du schiebst scheinbar die Münze in die linke Hand. Aber sie bleibt an der Stelle und du schiebst nur den Zeigefinger in deine Faust. Wenn er drin ist, fasst du mit dem rechten Daumen unter die Münze und hältst sie fest. Das ist vom Zuschauer aus nicht zu sehen.

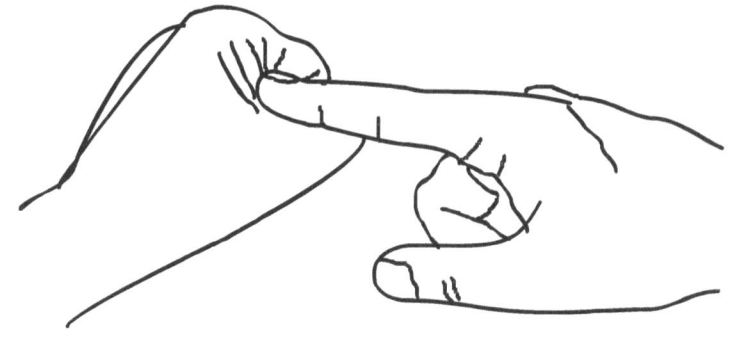

Dann ziehst du den Zeigefinger wieder heraus. Die Münze nimmst du mit. Sie ist jetzt in deiner rechten Hand. Die Zuschauer glauben, dass sie in der linken Hand ist.
Greife mit deiner rechten Hand in deine rechte Tasche.
Lasse da die Münze zurück und nimm den Zauberstab mit heraus.
Tippe mit dem Zauberstab auf deine linke Hand und öffne sie. Dort ist die andere Münze palmiert.
Siehe da, die Münze hat sich von 20 Cent in einen Euro verwandelt.

Eine Münze verschwindet und erscheint wieder

Dieser Trick ist ähnlich wie der letzte. Sie können zusammen vorgeführt werden.

Der Effekt: Eine Münze wird in die linke Hand geschoben und verschwindet. Sie erscheint an einer anderen Stelle, z.B. hinter dem Ohr des Zuschauers.

Du brauchst dazu: Eine Münze.

Erklärung: Die Münze wird nur scheinbar in die linke Hand geschoben. Sie wird in der rechten Hand palmiert. Sie holt die Münze dann an anderer Stelle hervor.

Ablauf: Lege eine Münze auf deine linke Faust zwischen Daumen und Zeigefinger.

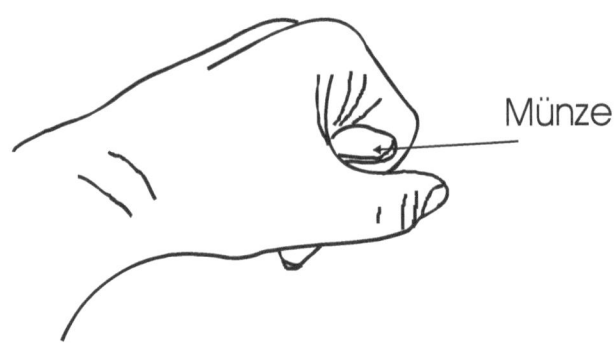

Du schiebst scheinbar die Münze in die linke Hand. Aber sie bleibt an der Stelle und du schiebst nur den Zeigefinger in deine Faust. Wenn er drin ist, fasst du mit dem rechten Daumen unter die Münze und hältst sie fest. Das ist vom Zuschauer aus nicht zu sehen.

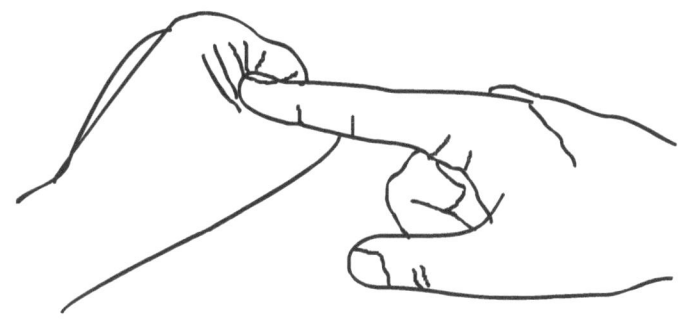

Zeige mit dem Zeigefinger auf deine linke Faust. Das ist eine psychologische Ablenkung. Die Zuschauer schauen jetzt automatisch dahin. Öffne deine linke Hand. Sie ist leer.

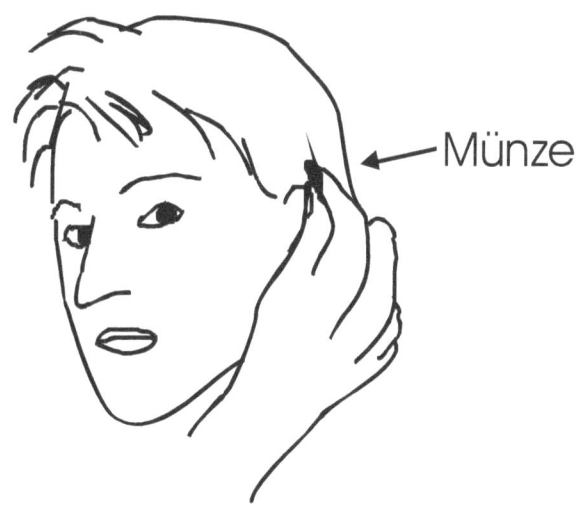

Die Münze ist in deiner rechten Hand palmiert. Du führst die Hand zu dem linken Ohr deines Zuschauers. Schiebe dabei die Münze zwischen Daumen- und Zeigefingerspitze. Es sieht so aus, als wenn du die Münze hinter dem Ohr hervorgeholt hättest.

Die Münzwanderung

Zu diesem Trick bedarf es etwas Vorbereitung.

Der Effekt: Eine markierte Münze verschwindet und erscheint in einer Streichholzschachtel.

Du brauchst dazu: 2 Münzen, wasserfester Stift, Tuch 30 cm x 30 cm und zusätzlich etwas Stoff, der aus dem selben Material ist wie das Tuch, Nadel, Faden in der selben Farbe wie das Tuch, Streichholzschachtel.

Vorbereitung: In dem Tuch ist in einer Ecke eine Münze eingenäht. Nähe in eine Ecke des Tuches eine zweite Münze hinein. Nimm dazu den gleichen Stoff, aus dem das Tuch besteht. Es ist ca. 3 cm x 3 cm groß.

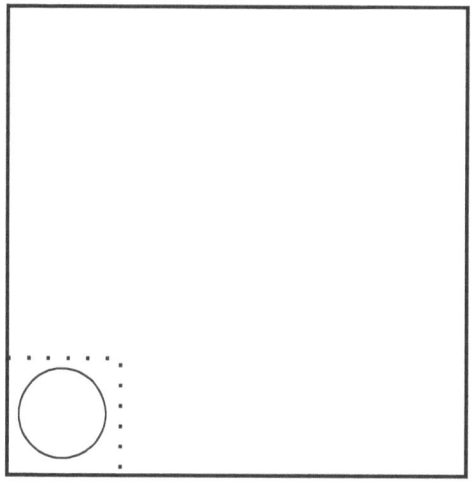

Ablauf: Du hast vor deinem Auftritt die Streichholzschachtel in deine Tasche gesteckt. Der Zuschauer markiert mit dem Stift eine Münze.

1. Nimm die Münze in deine rechte Hand zwischen Daumen- und Zeigefingerspitze. Lege das Tuch mit deiner linken Hand darüber.

2. Ergreife die eingenähte Münze und begebe sie in die Mitte des Tuches. Die markierte Münze palmiere in deiner rechten Hand.

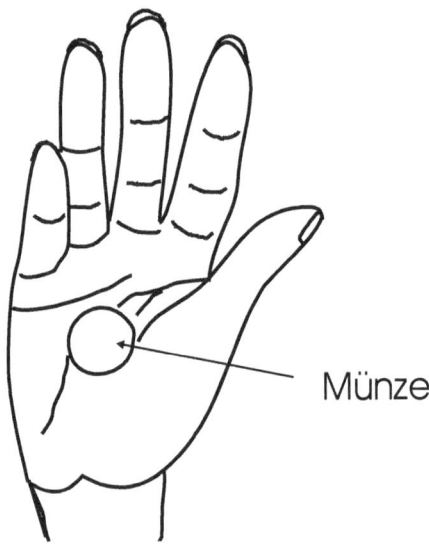
Münze

3. Gib die eingenähte Münze dem Zuschauer. Er glaubt, dass es seine markierte Münze ist.

4. Gehe mit deiner rechten Hand in deine Tasche, in der die Streichholzschachtel liegt. Benutze nur eine weite und keine enge Tasche.
5. Lege die Münze in die Streichholzschachtel hinein und schließe sie.
6. Nimm die Schachtel heraus und lege sie auf einen Tisch.
7. Nimm einen Zipfel von dem Tuch. Der Zuschauer soll die Münze loslassen. Sie ist verschwunden.
8. Lasse ihn die Schachtel öffnen. Auf wundersame Weise wurde sie dorthin gezaubert.

Papier in Geldschein verwandeln

Der Effekt: Ein Streifen Papier wird in einen Geldschein verwandelt.

Du brauchst dazu: Geldschein, Papier, Schere, Kleber

Erklärung: Ein zusammengefalteter Geldschein klebt auf einem Papier. Das Papier wird zusammengefaltet und der Geldschein wird auseinandergefaltet.

Vorbereitung: Schneide ein Papier in der gleichen Größe wie der Geldschein ist zurecht.
Falte ihn nun einmal quer.

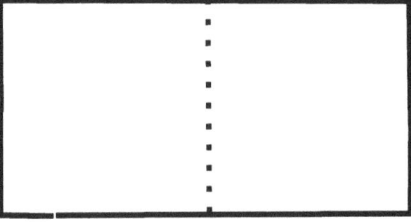

Noch einmal in der Mitte quer

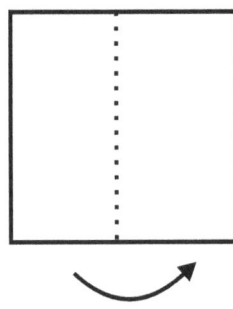

Und nun von unten nach oben

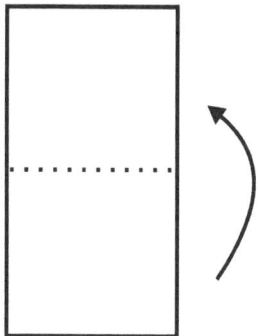

Es entsteht ein kleines Quadrat. Male ein Kreuz darauf. Auf diese Stelle wird später der Geldschein geklebt.

Wiederhole das Falten mit dem Geldschein.

Klebe dein Gelscheinquadrat auf das Papierquadrat.

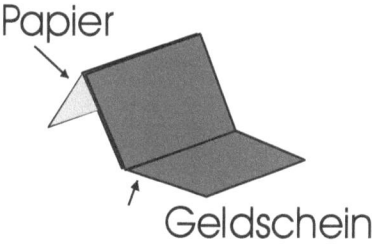

Falte das Papier auseinander. Den Geldschein falte zu einem Quadrat zusammen. So lege es in deine Tasche.

Ablauf: Die rechte Hand nimmt das präparierte Papier

mit dem Gelschein z.B. aus einer Jackentasche auf. Der zusammengefaltete Geldschein wird hinter den Fingern der rechten Hand versteckt.

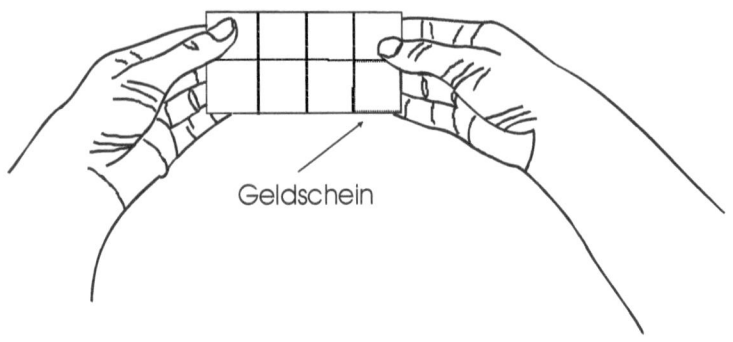

Geldschein

Drehe das Papier herum (die linke Seite zur rechten), sodass der Geldschein auf der linken, unteren Seite liegt. Er ist nun dir zu gewandt. So hast du den Geldschein von beiden Seiten gezeigt.

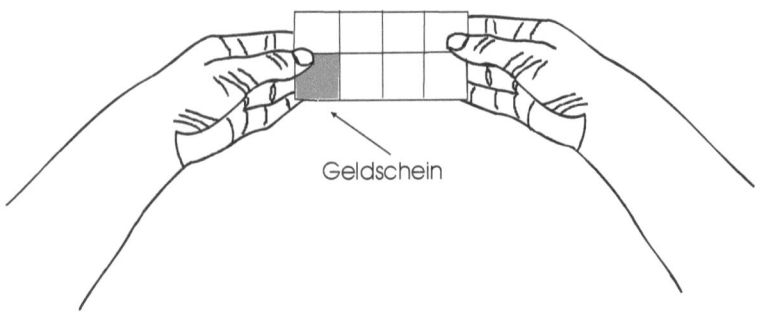

Geldschein

Klappe die rechte Hälfte des Papieres nach vorne links zum Zuschauer um.

Nun erhältst du ein gefaltetes Quadrat. Der Geldschein liegt immer noch unten links.

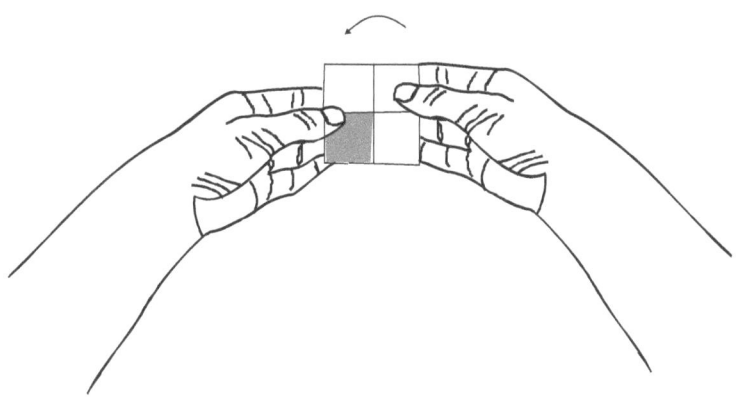

Falte die rechte Hälfte noch einmal nach links um.

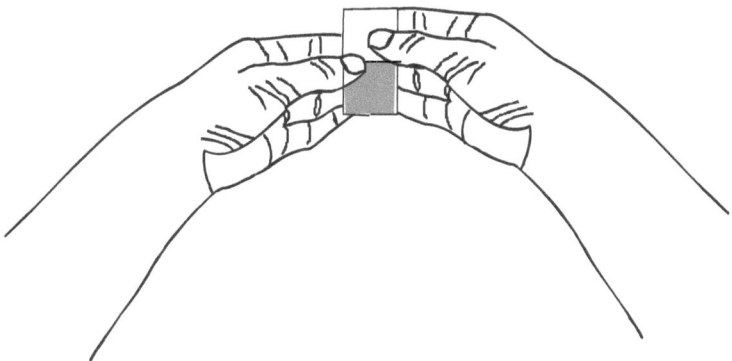

Die untere Hälfte des Papieres falte mit dem Geldschein nach vorne oben um. Der Geldschein ist nun zum Zuschauer gewandt. Verdecke ihn erst mit deinen Fingern. Hokus-Pokus, das Papier hat sich in einen Geldschein verwandelt.

Der Geldschein wird jetzt aufgefaltet. Klappe nun den Geldschein nach oben auf.
Dann die Hälfte nach links. Und die Hälfte wieder nach links. Das ist umgekehrt wie du das Papier zu gefaltet hattest.
Unten rechts zu dir zugewandt ist nun das Papier.

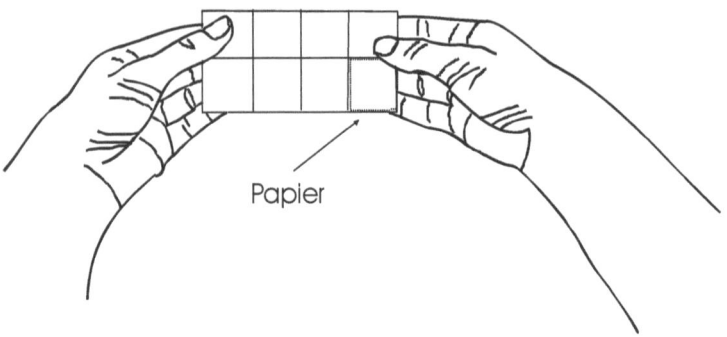

Den Geldschein kannst du von beiden Seiten zeigen, indem du ihn nach vorne links klappst und wieder zurück. Das Papier ist hierbei nicht zu sehen.

Falls jemand den Geldschein komplett sehen will, stecke ihn erst in deine Tasche. Da kannst du ihn mit einem unpräparierten austauschen.

Eine Münze verschwindet

Der Effekt: Nachdem alle Tricks beschreiben, wie man Geld herbeizaubert, wird nun ein Trick erklärt, bei dem eine Münze verschwindet.

Du brauchst dazu: Eine Münze, ein Hemd oder Jacke mit Brusttasche

Erklärung: Eine Münze wird in den Arm gerieben. Zuerst klappt es nicht, dann ist sie verschwunden.

Ablauf: Krempel deinen Ärmel von deinem linken Arm nach oben. Nimm die Münze in deine rechte Hand zwischen deine Fingerspitzen.

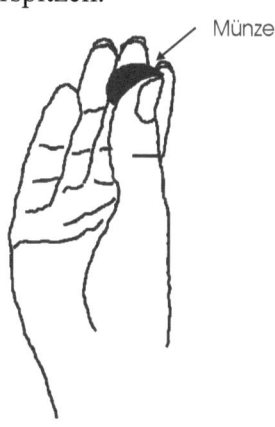

Lege sie auf deinen linken Arm und reibe sie mit deinen rechten Fingern in deinen Arm hinein.

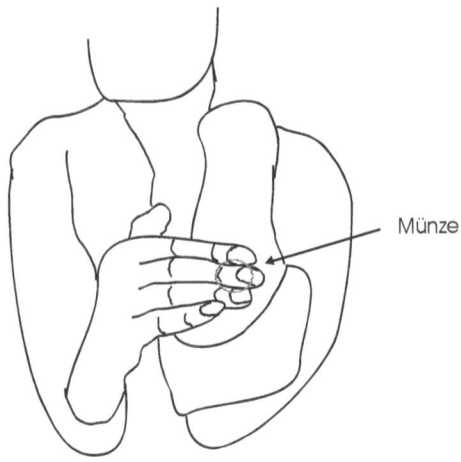

Münze

Sie fällt herunter. Nimm sie mit den Fingern deiner linken Hand und übergebe sie in die rechte Hand.
Wiederhole das Spiel mit dem reiben in deinen Arm.
Lasse sie wieder fallen.
Beim dritten Mal nimmst du die Münze wieder mit deiner linken Hand auf. Aber nun übergibst du nur scheinbar die Münze in deine rechte Hand. Sie bleibt in deiner linken Hand. Gehe damit über deine Brusttasche auf deiner linken Seite.
Deine rechte Hand reibt die scheinbare Münze in deinen Arm.
Die Zuschauer achten auf deinen Arm. In dem Moment lässt du die Münze in deine Brusttasche fallen.
Reibe noch etwas weiter. Und zeige den Zuschauern dann, dass die Münze aus deiner rechten Hand verschwunden ist. Sie hat sich aufgelöst, oder sie ist in den Arm gerieben worden.

Tipps zur Vorführung

Dieses Buch ist am Ende angelangt. Bevor du die beschriebenen Tricks vorführst übe sie ein, bis du die in und auswendig kannst. Überlege dir nette Geschichten zur Vorführung. Beziehe das Publikum mit ein.
- Schau nach Zaubersprüchen, die du zu den Abläufen sprechen kannst. Und finde deinen eigenen Vorführungsstil.
- Verrate die Tricks nicht an dein Publikum. Lasse den Zauber wirken.
- Übe zuerst in deinem Bekanntenkreis bevor du Fremden die Tricks vorführst. So erlangst du Sicherheit.
- Und zeige ein Trick nicht mehrmals demselben Publikum, auch wenn sie danach fragen. Denn beim ersten Mal schauen sie, was du machst und beim zweiten Mal schauen sie, wie du etwas machst. „One trick, one time."

Visitenkarten und Geld hast du wahrscheinlich immer dabei. So kannst du überall, wo du bist, deine Vorführungen machen. Falls du noch keine Visitenkarten hast, so kannst du sie günstig im Internet machen lassen. Ich bestelle bei Vistaprint http://bit.ly/1rDHb1c.

Wenn du weitere Zaubertricks vorführen möchtest, schau bei den zahlreichen Zaubershops vorbei. Die findest du ebenfalls im Internet.

Haftungsausschluss

Haftung für Links

Dieses Buch enthält Links zu externen Webseiten Dritter, auf deren Inhalte wir keinen Einfluss haben. Deshalb können wir für diese fremden Inhalte auch keine Gewähr übernehmen. Für die Inhalte der verlinkten Seiten ist stets der jeweilige Anbieter oder Betreiber der Seiten verantwortlich. Die verlinkten Seiten wurden zum Zeitpunkt der Verlinkung auf mögliche Rechtsverstöße überprüft. Rechtswidrige Inhalte waren zum Zeitpunkt der Verlinkung nicht erkennbar. Eine permanente inhaltliche Kontrolle der verlinkten Seiten ist jedoch ohne konkrete Anhaltspunkte einer Rechtsverletzung nicht zumutbar. Bei Bekanntwerden von Rechtsverletzungen werden wir derartige Links umgehend entfernen.

Quelle: erecht24

Einige Links wurden gekürzt. Falls Links nicht abrufbar sind, können Sie es mir mitteilen. Ich werde sie dann erneuern. Vielen Dank dafür.

Info@die-zauberkiste.de

Weitere Bücher von der Autorin

Wenn dir dieses Buch Spaß bereitet hat, schaue auch nach den anderen Büchern von Susanne Rennert.

Die findest du bei:
http://www.die-zauberkiste.de
Da findest du viele kostenlose Downloads zum Thema Zaubern, Spiele und Basteln.

oder bei Amazon.
http://astore.amazon.de/wwwdiezauberk-21

Videos übers Zaubern gibt es bei Youtube.
Meinen Kanal findest du hier.
www.youtube.com/diezauberkiste

Besuche mich auch bei Facebook:
www.facebook.com/diezauberkiste

Die Zauberschule

Grundschulkindern bietet die Planung und Durchführung von Zaubertricks vielfältige fächerübergreifende Lernmöglichkeiten: Schulung der Konzentration, Übung des sinnentnehmenden Lernens, Umsetzung von Skizzen und Anleitungen, Stärkung des Selbstwertgefühls. Anhand von über 20 großen und kleinen Tricks zeigt die Autorin, wie Zaubern in der Schule aussehen kann. Westermann Verlag, 92 Seiten, DIN A 4.

Tolle Zaubertricks für Kinder

Du wünschst dir, dass deine Freunde dich bewundern und dich zu jeder Fete einladen? Du möchtest beliebt sein und vor deiner

Klasse glänzen? Du willst deine Eltern zum Staunen bringen? Du sollst schnelle Erfolge haben, es soll leicht lernbar sein und wenig kosten? Lerne Zaubern! In diesem Buch werden Zaubertricks und Anleitungen beschrieben, wie eine Zaubervorstellung entsteht. Materialien, die dafür benötigt werden, können leicht hergestellt werden. Das Basteln des Zubehörs, Zauberstab, Zauberhut gehört gleich mit dazu.

ISBN 3735750958
Erhältlich bei der Autorin info@die-zauberkiste.de

Leseprobe aus „Tolle Zaubertricks für Kinder"

Das zerbrochene Streichholz

Der Zuschauerassistent legt ein markiertes Streichholz in ein Tuch. Es wird zusammengefaltet. Der Assistent zerbricht das Streichholz. Der Zauberer zaubert es wieder ganz.

Materialien:
Geschirrtuch oder großes Stofftaschentuch mit einem breiten Saum, Streichhölzer, Nadel und Faden, Stift zum Markieren, Tisch.

Erklärung:
In dem Saum des Tuches wird vor der Vorführung ein Streichholz geschoben. Ist der Saum nicht groß genug kann man den Rand etwas umklappen und festnähen, damit ein Streichholz hineinpasst. Das Streichholz ist von außen nicht sichtbar. Der Zauberer fühlt wo sich das Streichholz befindet.

Vorführung:
Das Tuch liegt auf einem Tisch. Merke dir in welcher Ecke sich

das Streichholz befindet.

Nachdem du einen Assistenten auf die Bühne geholt hast, sage dem Assistenten, dass er ein Streichholz aus der Schachtel herausnehmen und es mit einem Stift markieren soll. Breite das Tuch auf den Tisch aus. Das markierte Streichholz legt der Assistent in die Mitte des Tuches. Nimm die Zipfel des Tuches eins nach dem anderen und decke sie über das Streichholz, angefangen mit dem Zipfel, in dem sich das vorbereitete Streichholz im Saum befindet.

Es entsteht ein kleines Päckchen. Merke dir in welcher Position das vorbereitete Streichholz liegt. Es sollte sich direkt neben dem anderen befinden. Nimm das Streichholz und gib es dem Assistenten, der es zerbricht. Bitte, dicht über dem Tisch halten, damit das andere Streichholz nicht ausversehen herausrutscht.

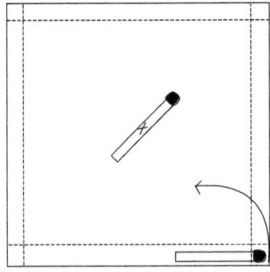

Lege das Tuch wieder auf den Tisch. Mache mit dem Zauberstab eine magische Bewegung über dem Tuch, ergreife vorsichtig den Zipfel und hebe es langsam hoch. Das markierte Streichholz fällt auf den Tisch. Der Assistent bezeugt, dass es sein Streichholz ist, und du bekommst deinen wohlverdienten Applaus.

Tipp: Falls du doch das falsche Streichholz genommen hast, ist es nicht so schlimm. Das kann durchaus die Spannung erhöhen. Wiederhole die Prozedur und schiebe alles darauf, dass noch ein Zauberspruch gesprochen werden muss und lasse dann das richtige Streichholz zerbrechen.